Andreas Kleinschmidt

Jesus – 18 x anders

Die Vielseitigkeit seines Lebens

Der geschlagene Christus   5

Der (un-)ansehnliche Christus   9

Der weinende Christus   15

Der energische Christus   18

Der realistische Christus   22

Der morgendliche Christus   26

Der radikale Christus   30

Der trennende Christus   34

Der befremdliche Christus   38

Der himmlische Christus   43

Der zornige Christus   46

Der erstgeborene Bruder Christus   56

Der bedürftige Christus   58

Der erlösende Christus   63

Der verlassene Christus   66

Der vertrauende Christus   69

Der vollbringende Christus   72

Der wiederkommende Christus   74

Aufhorchen lassen sollen diese Eigenschaftsworte, mit denen Christus hier beschrieben wird, es sind un-gewöhnliche Eigenschaften bis heute, es sind Geschenke Gottes an uns, die uns mitten in unseren Alltagserfahrungen Wunder erleben lassen wollen.

„Zu erkennen das Geheimnis Gottes, das Christus ist. In ihm liegen verborgen alle Schätze der Weisheit und der Erkenntnis", Kol. 2, 2b-3. Dem Glaubenden offenbart sich dieses Geheimnis, er darf die verborgenen Schätze für sich in Besitz nehmen.

„Wo ich bin, da soll mein Diener auch sein", Joh 12,26b, d.h. in seiner Nachfolge „eignet" uns Christus seine „Eigen"-schaften zu: Sie beschreiben, wie er auch in unserem Leben handeln will, um uns so mehr und mehr in sein Bild zu verwandeln. - Zunächst wird ein Text nach der 2017 revidierten Übersetzung Martin Luthers zitiert, in der jeweils eine Eigenschaft Christi beschrieben wird, dann folgt ein meditatives Gebet, das für die bessere Aneignung in Verse und Sinnabschnitte gegliedert ist.

Bibliografische Information der Deutschen Nationalbibliothek:

Die Deutsche Nationalbibliothek verzeichnet diese Publikation in der Deutschen Nationalbibliografie, detaillierte bibliografische Daten sind im Internet über dnb.dnb.de abrufbar.

TWENTYSIX – Der Self-Publishing-Verlag

Eine Kooperation zwischen der Verlagsgruppe Random House und Books on Demand

© 2020 Kleinschmidt, Andreas

Herstellung und Verlag: BoD – Books on Demand, Norderstedt

ISBN: 9783740770075

Der geschlagene Christus

Und sie schlugen ihn mit einem Rohr auf das Haupt (Mk 15,19a).

Wenn jemand ins Gefängnis soll, dann wird er ins Gefängnis kommen; wenn jemand mit dem Schwert getötet werden soll, dann wird er mit dem Schwert getötet. Hier ist Geduld und Glaube der Heiligen (Offb 13, 10).

Und der Drache wurde zornig über die Frau und ging hin, zu kämpfen gegen die Übrigen von ihrem Geschlecht,

die Gottes Gebote halten und haben das Zeugnis Jesu (Offb. 12,17).

Herr, man hat dich geschlagen, aber dennoch:

„Geschlagen", überwunden worden bist du nicht.

Denn im Ertragen der Schläge hast du über die Bösen

und über das Böse in ihnen gesiegt.

Die Wut des Feindes

hast du leibhaftig zu spüren bekommen,

und auch wir sind noch seiner Gewalt ausgesetzt,

aber hinter ihr steht deine höhere Gewalt.

Hinter dem,

was uns zunächst fremd, feindlich und bedrohlich scheint,

steht zuletzt doch dein „Sollen", stehst du selbst,

es ist dein guter, heilsamer Wille.

So willst du uns durch Bewährung und Wachstum

im Glauben, in der Geduld und im Gehorsam

in dieser Endzeit hier auf Erden

vorbereiten für die Ewigkeit im Himmel.

Sind, Herr, deine Feinde auch unsere Feinde,

so sind wir wie du

Zielscheibe Satans, des Antichristen,

der in der kurzen Zeit, die ihm noch bleibt,

über seine Niederlage wütet,

die du ihm am Kreuz bereitet hast;

in uns verfolgt er dich, dir kann er nichts mehr anhaben,

weil du siegreich in den Himmel aufgefahren bist.

Nach deinem Sieg über ihn auf Golgatha

darf er gegen uns nur so agieren,

dass er letztlich den Heilsabsichten

deines Vaters mit uns dienen muss.

In unserem Leiden und Sterben

nehmen wir Anteil an deinem Leiden und Kreuz,

an deiner Niedrigkeit und Verborgenheit,

damit wir so – und nur so – auch mit dir auferstehen.

Der (un-)ansehnliche Christus

Er war der Allerverachtetste und Unwerteste,

voller Schmerzen und Krankheit.

Er war so verachtet,

dass man das Angesicht vor ihm verbarg;

darum haben wir ihn

für nichts geachtet (Jes 53,3).

Du, Herr, hast dich auf Erden

„unansehnlich" gemacht,

und solange wir noch auf Erden sind,

„sehen" wir dich noch nicht,

aber alles in uns verlangt nach dir.

Noch sehen wir nur das Sichtbare,

aber auch dies Sichtbare

besteht ja nur noch

in dir und um deinetwillen.

Noch sehen wir „trübe" in machen „Trüb-salen",

und du selbst verbirgst dich

unseren natürlichen Augen

und unserem Verstand.

In langen Stunden auf dem Krankenbett,

in angstvollem Erstarren,

in Leere und Einsamkeit

sehen wir dich nicht,

aber dennoch bist du da

als der unansehnlich Leidende,

dem wir in unserem Leiden

nahe kommen,

ohne dass uns dies das Leid nähme,

denn nur wenn wir dir nahe sind

in deiner Unansehnlichkeit, in deiner Niedrigkeit,

in deinem Leiden und Sterben

werden wir dir auch nahe sein

in deinem Ansehen,

in deiner Erhöhung,

in deiner Herrlichkeit.

Denn das ist ja für uns die große Anfechtung

deiner Unansehnlichkeit

in dieser Welt,

dass wir dich nicht mehr sehen,

dass du dich unserer Erfahrung entziehst –

aber immer gibst du uns dennoch genug

Glauben, Liebe und Hoffnung

auf dein Ansehen im Himmel,

denn dort bist du jetzt schon

beim Vater in höchstem Ansehen,

hat er dir alles unterworfen,

auch den Tod,

sodass wir dich,

der uns hier auf Erden

in seiner Unansehnlichkeit dennoch nahe war,

einmal im Himmel sehen werden:

In der Ansehnlichkeit

deiner Herrlichkeit vom Vater,

in die auch wir verwandelt werden,

sehen wir dich von Angesicht zu Angesicht.

Immer aber sind deine Absichten für uns

nicht Gedanken des Leidens,

sondern der Heilung,

des Heils und Segens.

Überwindung lässt du uns

 auch schon auf Erden erfahren,

wenn wir dir im geduldigen Gehorsam

bis ans Ende nachfolgen.

Wenn du als der Sohn Gottes

in dem, was du littest,

Gehorsam lerntest und zum Segen wurdest (Hebr 5,8),

so gilt dies auch für uns, deine Jüngerinnen und Jünger.

Der weinende Christus

Und als Jesus nahe hinzukam

Und die Stadt sah,

weinte er über sie

und sprach:

Wenn doch auch du

erkenntest an diesem Tag,

was zum Frieden dient!

Aber nun ist`s vor deinen Augen verborgen (Lk 19, 41-42).

„An diesem Tag" heißt:

Wenn ich, Jesus, bei dir bin,

dann ist es höchste Zeit,

dass du Frieden machst

mit Gott

durch mich,

indem du mich

erkennst und anerkennst

als den Sohn Gottes,

der deinen Unfrieden

mit Gott

heilen will.

Aber wenn du mich ablehnst,

weil du dich selbst mehr liebst als Gott,

bleibe ich und bleibt mein Vater

dir verborgen und ich weine.

Und dennoch bin ich damals

in die Stadt eingezogen

und will auch heute in dein Herz hinein

und dir meinen Frieden bringen.

Der energische Christus

Und Jesus ging in den Tempel hinein

und trieb heraus alle Verkäufer und Käufer im Tempel

und stieß die Tische der Geldwechsler um

und die Stände der Taubenhändler

und sprach zu ihnen:

Es steht geschrieben (Jes 56,7):

„Mein Haus soll ein Bethaus heißen";

ihr aber macht eine Räuberhöhle daraus.

Und es kamen zu ihm

Blinde und Lahme

im Tempel,

und er heilte sie (Mt 21, 12-14).

Du, Herr, kannst energisch werden,

wenn es darum geht,

dass wir unser Heil

nicht aus den Augen verlieren.

Wenn es zu unserem Besten dient,

wenn es zu unserem Glück „not-wendig" ist,

wenn es unsere Not wendet,

kannst du uns falsche Werte aus den Händen schlagen.

Den Händler in uns,

der mit der Welt, auch der frommen,

vor dir und den anderen Menschen

wieder etwas gelten will,

der sich seine Frömmigkeit

von dir und den anderen anrechnen lassen will,

der deine unverdiente Gnade wieder zu

einem eigenen frommen Werk machen will,

diesen Händler in uns

musst du hinauswerfen,

denn wir sind ja dein Tempel,

und Unreines darf es in dir nicht geben,

zu unserem Besten musst du so energisch werden,

musst du alle unsere selbstgemachten Götzen

und alle gottlosen Geistesmächte dieser Welt

aus unserem Leben vertreiben.

Du offenbarst uns das Geheimnis des Frevels (2.Thess 2,7),

du lässt uns die gottlose Bösartigkeit dieser Welt,

ihre Leere, Vergänglichkeit und Nichtigkeit

am eigenen Leib und in der eigenen Seele spüren.

Du rettest uns gerade dadurch aus der Gefahr,

dass du uns scheinbar ins Bodenlose fallen lässt,

die Nichtigkeit dieser Welt erfahren lässt,

mit der wir ohne dich auch vernichtet würden.

So erkennen und erfahren wir den einen Grund,

der gelegt ist, der du, Christus, selber bist,

der uns allein tragen kann

in Zeit und Ewigkeit

Herr, wir danken dir für deine energische Liebe:

Am Kreuz hast du diese nichtige, gottlose Welt besiegt

und uns das Leben und ein unvergängliches Wesen

ans Licht gebracht durch das Evangelium (2. Tim. 1,10b).

Der realistische Christus

Christus ist das Ebenbild des unsichtbaren Gottes,

der Erstgeborene vor aller Schöpfung.

Denn in ihm ist alles geschaffen, was im Himmel und auf der Erde ist,

das Sichtbare und das Unsichtbare,

es seien Throne oder Herrschaften oder Mächte oder Gewalten;

es ist alles durch ihn und zu ihm geschaffen.

Und er ist vor allem,

und es besteht alles in ihm (Kol 1,15-17).

Zu der Zeit ging Jesus am Sabbat durch ein Kornfeld;

und seine Jünger waren hungrig und fingen an,

Ähren auszuraufen und zu essen.

Als das die Pharisäer sahen, sprachen sie zu ihm:

Siehe, deine Jünger tun, was am Sabbat nicht erlaubt ist.

Er aber sprach zu ihnen:

Habt ihr nicht gelesen, was David tat,

als ihn und die bei ihm waren, hungerte?

Wie er in das Gotteshaus ging

und aß die Schaubrote, die doch weder er noch die bei ihm waren

essen durften, sondern allein die Priester? ...

Denn der Menschensohn ist Herr über den Sabbat (Mt 12,1-4.8).

Herr, du begegnest uns in der Realität dieser Welt,

denn alles besteht durch dich und in dir und für dich.

Als Sohn Gottes bist du der Schöpfer dieser Welt,

und als Überwinder der Welt, als Auferstandener

bist du der Erstgeborene einer neuen Schöpfung.

Wir dürfen uns all dessen erfreuen,

wofür wir dir danken können.

Wenn wir es aus deiner Hand nehmen,

wird es uns zum Segen,

auch für unsere irdischen Bedürfnisse willst du sorgen:

Lassen wir uns in unsere seelischen, körperlichen,

geistigen und sozialen Bedürfnissen von deinem Geist führen,

nehmen wir ihre Erfüllung mit Danksagung aus deiner Hand,

heiligen wir sie für dich und sind dir nahe,

indem wir uns selbst nahe sind.

Denn alles, was Gott geschaffen hat,

ist gut, und nichts ist verwerflich,

was mit Danksagung empfangen wird;

denn es wird geheiligt

durch das Wort Gottes und Gebet (1.Tim 4,4-5).

Und auch das Mit-gekreuzigt-werden mit dir,

das Ertragen unerfüllter Bedürfnisse in Geduld

ist von dir gesegnet und soll uns zum Besten dienen,

so willst du in unserer Schwachheit mächtig werden

mit deiner himmlischen Auferstehungskraft.

Unser ganzes irdisches Leben

kann und soll uns auf diese Weise

zum Gottesdienst werden,

bis bei deinem Wiederkommen

die himmlischen Dinge die irdischen ablösen.

Der morgendliche Christus

Und wer überwindet und meine Werke bewahrt bis ans Ende,

dem will ich Macht geben über die Völker,

und er soll sie weiden mit eisernem Stabe –

wie die tönernen Gefäße werden sie zerschmissen –,

wie auch ich Macht empfangen habe von meinem Vater;

und ich will ihm geben den Morgenstern (Offb 2, 25-28).

Herr Jesus Christus,

du bist unser Morgenstern,

mit dir, Herr, gibt es für uns immer ein Morgen,

ein Leben im Licht,

entweder hier auf Erden oder in der Ewigkeit.

Aber

nicht unsere Hoffnungskraft,

sondern dein Erscheinen

schenkt uns Zukunft.

Leben im Licht

gibt es für die,

die sich von dir, Herr,

aus der Dunkelheit dieser Welt

haben erlösen lassen,

die du aus ihrer Nacht der Sünde

durch deinen Tod am Kreuz

herausgeholt hast

in das helle Licht

deines geistlichen,

tausendjährigen, d.h. vollkommenen

Endzeitreiches.

Aus dem Reich deines ewigen Lichtes,

aus dem Himmel,

in den du deine Erlösten

holen willst,

sendest du ihnen

schon jetzt

mitten in eine dunkle Welt

den Morgenstern,

sendest du ihnen deinen Geist,

nicht den Geist der Furcht,

sondern der Kraft, der Liebe und der Besonnenheit,

damit sie mit seiner Hilfe alle dunklen Mächte besiegen.

Nicht den Menschen und Mächten dieser Welt

schenkst du dein Morgenlicht der Hoffnung

 als Zeichen der Herrschaft über die Welt,

sondern denen, die dir treu bleiben.

Der radikale Christus

Wer nicht sein Kreuz auf sich nimmt

und folgt mir nach,

der ist meiner nicht wert.

Wer sein Leben findet, der wird`s verlieren;

und wer sein Leben verliert um meinetwillen,

der wird`s finden (Mt 10,38-39).

Du, unser gekreuzigter Herr,

wirst bei uns „radikal", d.h.

du ent-„wurzelst" uns, nimmst uns alles

offenbarst uns in das „Unwesen", das Nichts dieser Welt.

Wenn wir in dieses Nichts hineinsehen,

geraten wir in den Sog der Angst,

der uns unendlich stürzen lässt.

Aber doch nur bis zu einer bestimmten Stelle,

an der du uns diese alte Welt, deren Wesen vergeht (Paulus),

und unser altes Leben in ihr nimmst.

Wir erkennen: Unsere Gottlosigkeit und die dieser Welt

will uns vernichten,

weil sie uns in die Gottverlassenheit führt.

Sie aber hast du für uns am Kreuz siegreich überwunden,

hast für uns einen neuen Himmel und eine neue Erde bereit,

wenn diese alte Welt vergeht.

Du hast am Kreuz gesagt:

Mein Gott, mein Gott, warum hast du mich verlassen.

Und: Es ist vollbracht.

Auch ganz unten in unserer Qual

geht unser Blick hinauf zu dir,

der ganz unten war und jetzt ganz oben ist:

Du, Herr, hast am Kreuz

aus Liebe zu uns und zum Vater

das Nichts der Gottverlassenheit überwunden,

hast Gottes Ehre

und unsere Gerechtigkeit

wiederhergestellt:

Wir wären auf ewig verloren, hoffnungslos

der Nichtigkeit und Verlorenheit dieser Welt ausgeliefert,

nun aber gilt: Ewig steht uns fest dein Kreuz.

Einen anderen Grund kann niemand legen,

außer dem, der gelegt ist,

welcher ist Jesus Christus, 1.Kor 3,11.

Der trennende Christus

Ihr sollt nicht meinen, dass ich gekommen bin,
Frieden zu bringen auf die Erde.
Ich bin nicht gekommen, Frieden zu bringen,
sondern das Schwert.

Denn ich bin gekommen, den Menschen zu entzweien
mit seinem Vater und die Tochter mit ihrer Mutter
und die Schwiegertochter mit ihrer Schwiegermutter.
Und des Menschen Feinde werden seine eigenen
Hausgenossen sein. Wer Vater und Mutter mehr liebt als mich,
der ist meiner nicht wert;
und wer Sohn oder Tochter mehr liebt als mich,
der ist meiner nicht wert (Mt 10,34-37).

Wahrlich, wahrlich, ich sage euch:

Wenn das Weizenkorn nicht in die Erde fällt und erstirbt,

 bleibt es allein;

wenn es aber erstirbt, bringt es viel Frucht.

Wer sein Leben lieb hat, der wird`s verlieren;

und wer sein Leben auf dieser Welt hasst,

der wird`s bewahren zum ewigen Leben (Joh 12, 24-25).

Herr Jesus Christus,

du trennst uns von dem, was uns von dir trennt:

Von einer unmäßigen Liebe zu dieser Welt,

auch von der zu uns nahe stehenden Menschen,

ja auch von uns selbst,

weil du uns der Nächste sein willst.

Denn du allein bist das Maß aller Dinge,

du musst uns das Lieben neu lehren,

du musst uns sagen, was gut für uns ist,

von Natur aus wissen wir es nicht mehr,

denn unsere Natur ist ja durch die Sünde verdorben,

deshalb müssen wir uns und dieser Welt

täglich sterben, um zu leben,

um wiedergeboren zu werden

in jenes neue Leben hinein,

das unzerstörbar ist durch Leiden und Tod,

das den Tod bereits überwunden hat,

weil es dein Leben, Herr Jesus, ist,

das du uns als gekreuzigter Auferstandener

vom Himmel aus zuströmen lässt.

Herr Jesus, so trennst du uns von dieser Welt für den Himmel:

Von unserer Einsamkeit für die Gemeinschaft mit dir,

von unserer Selbstsucht für die neue Liebe

zu uns selbst und unseren Nächsten,

damit wir bleibende Frucht bringen

in der Hingabe und im Dienst für dich.

Der befremdliche Christus

Und als der Wein ausging,

spricht die Mutter Jesu zu ihm:

Sie haben keinen Wein mehr.

Jesus spricht zu ihr:

Was habe ich mit dir zu schaffen, Frau?

Meine Stunde ist noch nicht gekommen.

Seine Mutter spricht zu den Dienern:

Was er auch sagt, das tut (Joh 2,3-5).

Seit der Zeit fing Jesus an, seinen Jüngern zu zeigen,

dass er nach Jerusalem gehen und viel leiden müsse

von den Ältesten und Hohepriestern und Schriftgelehrten

und getötet werden und am dritten Tage auferstehen.

Und Petrus nahm ihn beiseite und fuhr ihn an und sprach:

Gott bewahre dich, Herr! Das widerfahre dir nur nicht!

Er aber wandte sich um und sprach zu Petrus: Geh weg von mir

Satan! Du bist mir ein Ärgernis; denn du meinst nicht, was

göttlich, sondern was menschlich ist (Mt 16, 21-23).

Und es trat ein Schriftgelehrter herzu und sprach zu ihm:

 Meister, ich will dir folgen, wohin du gehst.

Jesus sagt zu ihm:

Die Füchse haben Gruben und die Vögel unter dem Himmel

haben Nester;

aber der Menschensohn hat nichts, wo er sein Haupt hinlege.

 Ein anderer aber, einer seiner Jünger, sprach zu ihm:

 Herr, erlaube mir, dass ich zuvor hingehe und meinen Vater

begrabe.

 Aber Jesus spricht zu ihm: Folge mir nach, und lass die Toten

ihre Toten begraben (Mt 8,19-22).

Herr Jesus Christus,

damit wir in dir unsere wahre, ewige Heimat finden,

entfremdest du uns dieser ganzen Welt,

ihren Mächten und Menschen,

ja auch uns selbst und unserem Leben.

Wer nicht sein Leben, ja selbst Vater und Mutter „hasst",

d.h. wer nicht dich und den Willen deines Vaters

allen und allem in dieser Welt vorzieht,

kann nicht dein Jünger sein (Lk 14, 26).

Um in dir unsere ewige Heimat zu finden,

soll uns diese vergehende Welt,

sollen uns ihre Mächte und Menschen

zur Fremde werden.

In deiner Nachfolge, Herr,

sollen wir unser Kreuz auf uns nehmen,

uns von den Mächten und Menschen dieser Welt

kreuzigen lassen.

Aber wir sollen uns von der Hitze

nicht befremden lassen,

die uns widerfährt zu unserer Versuchung,

als widerführe uns etwas Fremdes,

sondern wir sollen uns freuen,

dass wir mit dir, Herr Jesus Christus, leiden,

damit wir auch zur Zeit der Offenbarung deiner Herrlichkeit

Freude und Wonne haben mögen (1.Petr 4, 12-13).

Hier auf Erden müssen wir durch Anfechtungen gehen,

und nur der treue, geduldige Glaubens-Blick auf dich,

den Weltüberwinder, den Sieger von Golgatha

kann auch uns den Sieg bringen.

Fremd aber soll uns ein Scheinfrieden

mit den Mächten und Menschen dieser Welt sein,

denn letzte Heimat und vollkommenen Frieden

haben wir nur bei dir im Himmel.

Ich bin nicht gekommen, den Frieden zu bringen,

sondern das Schwert,

sagst du, unser Herr, und damit mahnst du uns,

im guten Kampf des Glaubens zu beharren,

Nicht gegen die Menschen sollen wir kämpfen,

aber „gegen" die gottlosen, feindlichen Mächte,

die sie beherrschen, und „für" ihre Befreiung

in deinem Geist und mit Wort und Tat.

Der himmlische Christus

Wir aber sind Bürger im Himmel;

woher wir auch erwarten den Heiland, den Herrn Jesus

Christus,

der unsern geringen Leib verwandeln wird,

dass er gleich werde

seinem verherrlichten Leibe nach der Kraft,

mit der er sich alle Dinge untertan machen kann (Phil 3,20-21).

Du, Herr, hast uns zu Himmelsbürgern gemacht,

du hast uns ein Bürger-„recht" im Himmel gegeben.

Das ist gewiss, weil wir dazu ein „Recht" bekommen haben

durch deine „Gerechtigkeit", die du uns schenkst.

Aus unserer alten, sündigen Natur haben wir dies Recht nicht,

durch sie sind wir von Gott und seinem Himmel getrennt –,

sondern weil wir aus Gott geborene, neue Geschöpfe sind,

die mit der alten, sündigen Welt nichts mehr zu tun haben;

was wir jetzt in ihr leben, leben wir in, durch und für dich,

weil wir vollkommen gerecht gemacht worden sind

durch dein vollkommenes Erlösungswerk am Kreuz.

Jetzt schon geistlich in unserem inneren Menschen,

bei deinem Wiederkommen auch leiblich und sichtbar

sind wir himmlischer Natur, Himmelsbürger.

Wir leben in unmittelbarer Nähe Gottes, deines Vaters,

der durch dich, Herr, auch unser Vater im Himmel ist.

Jetzt schon haben wir himmlisches Recht,

einst werden wir auch himmlische Macht haben.

Einstweilen bereitest du uns darauf vor,

rechte Himmelsbürger zu werden,

durch Heiligung in Liebe, Glaube, Geduld,

Bewährung und Hoffnung.

Indem du uns mit dir kreuzigen und auferstehen lässt,

werden wir durch dich auch leiblich zu Kindern Gottes.

Der zornige Christus

Als Johannes nun viele Pharisäer und Sadduzäer sah zu seiner

Taufe kommen, sprach er zu ihnen:

Ihr Otterngezücht, wer hat denn euch gewiss gemacht,

dass ihr dem künftigen Zorn entrinnen werdet?

Seht zu, bringt rechtschaffene Frucht der Buße!

Denkt nur nicht, dass ihr bei euch sagen könntet:

Wir haben Abraham zum Vater.

Denn ich sage euch: Gott vermag dem Abraham aus diesen

Steinen Kinder zu erwecken.

Es ist schon die Axt den Bäumen an die Wurzel gelegt.

Darum: Jeder Baum, der nicht gute Frucht bringt,

wird abgehauen und ins Feuer geworfen.

Ich taufe euch mit Wasser zur Buße;

der aber nach mir kommt,

ist stärker als ich, und ich bin nicht wert, ihm die Schuhe zu tragen;

der wird euch mit heiligem Geist und mit Feuer taufen.

Er hat die Worfschaufel in seiner Hand und

wird die Spreu vom Weizen trennen und seinen Weizen in die Scheune sammeln;

aber die Spreu wird er verbrennen mit unauslöschlichem Feuer (Mt 3, 7- 12).

Und Jesus sprach zu ihnen:

Was ist am Sabbat erlaubt: Gutes tun oder Böses tun,

Leben retten oder töten?

Sie aber schwiegen still.

Und er sah sie ringsum an mit Zorn, betrübt über ihr erstarrtes

Herz, und sprach zu dem Menschen: Strecke deine Hand aus!

Und er streckt sie aus; und seine Hand wurde gesund (Mk 3, 4-5).

Und die Könige auf Erden und die Großen und die Obersten

und die Reichen und die Gewaltigen

und alle Sklaven und alle Freien

verbargen sich in den Klüften und Felsen der Berge

und sprachen zu den Bergen und Felsen:

Fallt über uns her und verbergt uns vor dem Angesicht dessen,

der auf dem Thron sitzt, und vor dem Zorn des Lammes!

Denn es ist gekommen der große Tag ihres Zorns,

und wer kann bestehen (Offb 6, 15-17).

Und ich sah den Himmel aufgetan;

und siehe, ein weißes Pferd.

Und der darauf saß, hieß: Treu und Wahrhaftig,

und er richtet und kämpft mit Gerechtigkeit.

Und seine Augen sind wie eine Feuerflamme,

und auf seinem Haupt sind viele Kronen;

und er trug einen Namen geschrieben, den niemand kannte als

er selbst. Und er war angetan mit einem Gewand, das in Blut

getaucht war, und sein Name ist: Das Wort Gottes.

Und ihm folgten die Heere im Himmel auf weißen Pferden,

angetan mit weißer, reiner Seide.

Und aus seinem Munde ging ein scharfes Schwert,

dass er damit die Völker schlage, und er wird sie regieren mit

eisernem Stabe,

und er tritt die Kelter, voll vom Wein des grimmigen Zornes

Gottes, des Allmächtigen, und trägt einen Namen geschrieben

auf seinem Gewand und auf seiner Hüfte:

König aller Könige und Herr aller Herren.

Und ich sah einen Engel in der Sonne stehen,

und er rief mit großer Stimme allen Vögeln zu, die hoch am Himmel fliegen:

Kommt, versammelt euch zu dem großen Mahl Gottes,

dass ihr esst das Fleisch der Könige und der Hauptleute

und das Fleisch der Starken und der Pferde

und derer, die darauf sitzen,

und das Fleisch aller Freien und Sklaven,

der Kleinen und der Großen (Offb 19,17-18)!

Herr Jesus Christus,

über alles natürliche, „fleischliche" (Paulus),

d.h. ichsüchtiges Wesen–auch im Gläubigen–

kann es nur den Zorn und das Gericht Gottes geben.

Gerechtigkeit und neues, ewiges Leben

kann nur dein Geist, Herr,

in einem Menschen wirken,

wenn dieser sich deiner Herrschaft

im Glauben übergibt.

Bei aller Macht Satans

und seiner gottlosen und christusfeindlichen

Unheils-Mächte und Menschen

soll – so die Mut machende Botschaft der Offenbarung –

der Christusgläubige doch dessen gewiss sein:

Du, Herr Jesus Christus,

bleibst auch in diesem letzten endzeitlichen Kampf

der Sieger von Golgatha:

Weil du das Lamm von Golgatha bist,

weil du dort **in deiner Liebe**

durch deinen Opfertod

den Sieg errungen

und das Böse und den Bösen überwunden

und die Gläubigen errettet hast,

wirst du auch zuletzt **in deinem Zorn** den Sieg

über den Bösen, das Böse und die Bösen erringen:

Du, Christus, bist der Erretter und Heiland,

aber auch der Richter und Triumphator.

So wie dein Wort jetzt schon lebendig und kräftig ist,

das geistliche, himmlische Wesen

vom ungeistlichen, weltlichen Unwesen trennt,

die Gedanken und Sinne des Herzens richtet,

weil es schärfer ist als ein zweischneidiges Schwert (Hebr 4,12),

so wird dein wirkmächtiges Wort am Ende richten.

Unser Gott ist ein verzehrendes Feuer (Hebr 12,29).

Irret euch nicht, Gott lässt sich nicht spotten.

Schrecklich ist`s,

in die Hände des allmächtigen Gottes zu fallen (Hebr 10,31)

und nicht gerechtfertigt zu sein durch dich, Christus, das Lamm

und deinen Opfertod am Kreuz:

Denn dann trifft uns Menschen nicht die Liebe,

sondern der Zorn des Lammes.

Du, Herr, trägst ein Gewand, das mit Blut getränkt ist.

Sowohl deine Gnade als auch dein Zorn haben mit

Blutvergießen zu tun:

Ohne Blutvergießen gibt es keine Versöhnung (Hebr 9, 22b),

beides ist in deinem Tod, Herr, für uns geschehen.

Ohne Blutvergießen, ohne den „zweiten Tod", Offb 20,14,

geht es auch in deinem Gericht nicht ab

über die, die sich deiner Herrschaft nicht unterwerfen.

Dein Wort, Herr, hat immer eine kraftvolle Wirkung,

es führt immer in die Ent-Scheidung, in die Krise,

entweder zum Heil und zur Heilung für den,

der es als Gnadenwort für sich annimmt,

oder zum Gericht und zum Verderben für den,

der es für sich ablehnt,

auf jeden Fall entscheidet sich an ihm

das Geschick aller Völker und aller Menschen.

Es ist ein Geruch des Todes zum Tode

oder des Lebens zum Leben (2. Kor 2,16).

Das Wort vom Kreuz

ist eine Torheit denen,

die verloren werden,

uns aber,

die wir selig werden,

ist es Gottes Kraft (1.Kor 1,18).

Der erstgeborene Bruder Christus

Denn die er ausersehen hat,

die hat er auch vorherbestimmt,

dass sie gleich sein sollten dem Bild seines Sohnes,

 damit dieser der Erstgeborene sei unter vielen Brüdern (Röm 8, 29a).

Was ihr getan habt einem von diesen meinen geringsten

Brüdern, das habt ihr mir getan (Mt 25,40b).

Geht hin und verkündigt es meinen Brüdern (Mt 28,10b).

Weil du, Herr, uns deine Brüder nennst,

sind wir erwählt und verstoßen zugleich:

Erwählt für den Himmel zur Seligkeit bei dir und dem Vater,

verstoßen von der Welt, ihren Mächten und Menschen.

Du verwirfst diese Welt, die dich verworfen hat,

und achtest ihre verkehrte Maßstäbe nicht mehr,

du stellst sie auf den Kopf,

gehst an den Mächtigen vorbei und erwählst die Geringen.

Und machst so aus den für Nichts Geachteten

unendlich wertvolle Menschen Deiner Liebe,

die dir begegnen, wenn sie einander lieben,

die so dein Bild tragen, jetzt verborgen, einmal in Herrlichkeit.

Der bedürftige Christus

Nun freue ich mich in den Leiden,

die ich für euch leide,

und erfülle durch mein Fleisch,

was an den Leiden Christi noch fehlt,

für seinen Leib,

das ist die Gemeinde.

Ihr Diener bin ich geworden

durch den Auftrag,

das mir Gott mir für euch gegeben hat,

dass ich das Wort Gottes in seiner Fülle predige,

nämlich das Geheimnis,

das verborgen war seit ewigen Zeiten und Geschlechtern,

nun aber offenbart ist seinen Heiligen.

Denen wollte Gott kundtun,

was der herrliche Reichtum dieses Geheimnisses unter den Völkern ist,

nämlich Christus in euch,

die Hoffnung der Herrlichkeit.

Den verkündigen wir

und ermahnen alle Menschen und lehren alle Menschen

in aller Weisheit,

damit wir einen jeden Menschen in Christus vollkommen

machen.

Dafür mühe ich mich auch ab und ringe in seiner Kraft,

der mächtig in mir wirkt (Kol 1, 24-29).

Herr Jesus Christus,

du machst unsere Leiden zu Leiden für dich und für andere

und so haben wir Freude in allen Leiden.

So wie unser ganzes Leben , Herr,

ein Leben für dich und unsere Mitmenschen ist,

so machst du auch unsere Leiden

zu deinen eigenen für andere.

Das Leiden an und in der Welt

ist unsere eigentümliche Existenzweise als deine Jünger,

denn so wie du gekreuzigt worden bist,

so wird es auch uns geschehen,

in unserem Leben als Dienst für dich

und die Menschen, für die wir deine Zeugen sein sollen.

Dieses unser Lebenszeugnis als Martyrium,

als Verkündigung in Wort und Tat

gehört zu deinen Leiden für die Menschen,

so innig sind wir im Glauben mit dir vereint,

ohne unsere Leiden, in denen du selbst leidest,

wäre dein erlösendes Leiden für die Menschen unvollkommen.

Unser Lebenszeugnis , unser Martyrium

ist ein Teil deines Heilswerkes,

weil du in ihm zu den Menschen kommst,

zu denen die verloren und zu denen, die gerettet werden (2.Kor 2,15b).

Der erlösende Christus

Ich rede aber von der Gerechtigkeit vor Gott,

die da kommt durch den Glauben an Jesus Christus

zu allen, die glauben.

Denn es ist hier kein Unterschied:

Sie sind allesamt Sünder und ermangeln

des Ruhmes, den sie vor Gott haben sollten,

und werden ohne Verdienst gerecht aus seiner Gnade

durch die Erlösung,

die durch Christus Jesus geschehen ist.

Röm 3,22-24.

Herr Jesus Christus,

Du selbst bist unser Lösegeld,

du selbst hast dich für uns hingeben lassen

an die Mächte dieser Welt, die uns versklavten,

an Satan, Sünde und Tod

Weil du dich zur Sünde machen ließest,

weil du durch deinen gehorsamen Tod am Kreuz,

Satan, unseren Verkläger, zum Schweigen gebracht

und uns aus dem Tod ins ewige Leben erlöst hast,

sind wir nun von diesen Mächten befreit,

losgemacht von den Ketten, die uns an sie banden,

freigesprochen von unserer Schuld, gerechtfertigt und geheiligt

allein aus deiner Gnade ohne unser Verdienst.

Was dich unser Loskauf gekostet hat

werden wir nie ganz ermessen können,

dich den Sohn Gottes, den Reinen, einzig Sündlosen,

ein unendlich kostbares Opfer hast du für uns gebracht.

Aber wir können die Größe deiner Gnade erahnen,

wir können dir danken in Zeit und Ewigkeit.

Und wir können sie in vergebender Liebe

an unsere Nächsten weitergeben.

Der verlassene Christus

Und zu der neunten Stunde rief Jesus laut:

Eli, Eli, lama asabtani?

Das heißt übersetzt:

Mein Gott, mein Gott, warum hast du mich verlassen,

 Markus 15,34.

Herr, Jesus Christus,

du lässt Gott nicht los, als er dich verlässt,

als er dich, den einzigen Gerechten, loslassen muss,

um an uns, den Ungerechten festhalten zu können,

um ihnen deine Gerechtigkeit anrechnen

und deshalb auch deine Liebe und Gnade schenken zu können.

Als du am Kreuz für die Sünden aller Menschen gestorben bist,

hast du die ewige Verdammnis aller Menschen

auf dich genommen und durch litten,

um ihnen die ewige Seligkeit zu schenken.

So groß war deine Liebe zu uns, den Sündern.

Das geht über unser Fassungsvermögen,

aber es liegt in deinem Fassungsvermögen,

wir werden jetzt vollkommen und ewig umfasst von dir,

nichts kann uns mehr scheiden von der Liebe Gottes,

die in dir, unsrem Herrn Christus Jesus, ist.

Nun brauchen wir uns vor Nichts

und Niemandem mehr fürchten,

denn Furcht ist nicht in der Liebe,

sondern die vollkommene Liebe

treibt die Furcht aus, 1.Joh 4,18a.

Der vertrauende Christus

Und Jesus rief laut:

Vater, ich befehle ich meinen Geist in deine Hände!

Und als er das gesagt hatte, verschied er.

 Lukas 23,46

Herr Jesus Christus,

Dein Vertrauen zu Deinem Vater war vollkommen:

Du hast dich ihm in ganzem Gehorsam hingegeben.

Du hast ihm während deines irdischen Lebens

in jedem Augenblick, in jeder Situation vertraut,

hast seinen Willen zu deinem gemacht,

deine Speise war es, den Willen dessen zu tun,

der dich gesandt hat.

Und auch als er sich von dir abwandte,

abwenden musste, weil du für uns zur Sünde wurdest,

ist dir der Vater alles geblieben.

Du wusstest, dass du nichts festhalten musstest,

nichts von dir und nichts von dieser Welt,

auch der Gott, der sich dir entzog,

blieb deine einzige Hoffnung.

Deshalb dürfen wir dein Gebet zu dem unseren machen,

da, wo wir Gott nicht mehr erkennen,

in Verzweiflung, Leiden und Not, im Tod,

dürfen wir uns dennoch in seine Hände befehlen,

denn wie dich dein Vater auferweckt hat,

so sollen auch wir durch dich auferweckt werden

 zum ewigen Leben, zur ewigen Freude in Gott.

Der vollbringende Christus

Jesus sprach: Es ist vollbracht.

Und neigte das Haupt und verschied, Joh 19,30b.

Herr Jesus Christus,

es ist vollbracht, das waren deine letzten Worte auf Erden

und es sind deine ersten Worte im Himmel.

Mit ihnen verschließt du für uns, deine Gemeinde,

die Pforten der Hölle, die uns nichtmehr überwältigen können.

Mit ihnen öffnest du für uns die Tür zum Himmel,

die du selber bist in deiner Person und in deinem Werk.

Was wir nicht zu vollbringen vermochten,

du hast es für uns getan:

Dein Kreuz lässt uns der Welt und der Sünde sterben

und dir und dem Vater ewiglich leben.

Der wiederkommende Christus

Und als sie ihm nachsahen, wie er gen Himmel fuhr, siehe da standen bei ihnen zwei Männer in weißem Gewändern.
Die sagten: Ihr Männer von Galiläa, was steht ihr da und seht zum Himmel? Dieser Jesus, der von euch weg gen Himmel aufgenommen wurde, wird so wiederkommen, wie ihr ihn habt gen Himmel fahren sehen, Apg. 1,10-11

Herr Jesus Christus,

so gewiss wie du gen Himmel aufgefahren bist,

so wirst du auch zu den Deinen zurückkommen,

um dein Werk auf Erden zu vollenden:

Die Lebenden entrückst du,

die Verstorbenen erweckst du,

und dem gläubigen Rest aus Israel (Röm 11,5)

offenbarst du dich als der,

den sie durchbohrt haben.

In dieser Gewissheit können wir es

getrost in dieser Endzeit auf Erden aushalten,

wir brauchen nicht traurig darüber sein,

dass du unseren Augen entschwunden bist,

sondern dürfen hoffnungsvoll aufsehen zu dir,

der du uns in den Himmel vorausgegangen bist

und jetzt schon mit deinem Geist bei uns bist

alle Tage, bis an der Welt Ende, Mt 28, 20.